I0901747

Northern Italian & Ticino Region Folk Songs for MANDOLIN

by Carlo Aonzo
with
Clara Ponzoni
& Giorgio Borsani

Online Audio www.melbay.com/21871BCDEB

1 2 3 4 5 6 7 8 9 0

Visit us on the Web at www.melbay.com — E-mail us at email@melbay.com

MANY THANKS TO
Giorgio Caneva and all the musicians who took part in the recording of the audio.
Achille Turri for the recording and editing.
Gruppo Mandolinistico Eliante of Mendrisio and Giuseppe Haug for the vintage photos.
Linda Bull for her help in translating the texts.

RINGRAZIAMENTI
A Giorgio Caneva e a tutti i musicisti che hanno partecipato alla realizzazione del audio.
Ad Achille Turri per l'incisione ed il montaggio.
Al Gruppo Mandolinistico Eliante di Mendrisio ed a Giuseppe Haug per le foto d'epoca.
A Linda Bull per l'aiuto nella traduzione dei testi.

Cover photo courtesy of KW Emotions, Katia Mandelli and Walter Ghidini.

Contents

Audio Tracks

1. La Sisina	Clara Ponzoni, Giorgio Borsani
2. Polca del Dorin	Clara Ponzoni, Giorgio Borsani
3. Oh Katia!	Clara Ponzoni, Giorgio Borsani
4. Al Grott del Fin	Clara Ponzoni, Manuela Maffi Steger
5. Scugnizza	Clara Ponzoni, Manuela Maffi Steger
6. Nina Pancha	Clara Ponzoni, Giorgio Borsani
7. Graziella	Clara Ponzoni, Giorgio Borsani
8. L'Alborela	Clara Ponzoni, Manuela Maffi Steger
9. Speranze perdute	Clara Ponzoni, Giorgio Borsani
10. Vulcano	Giorgio Caneva, Gianluigi Fasola, Joe Gregori
11. Tra veglia e sonno	Carlo Aonzo, Beppe Gambetta
12. Cesarina	Giorgio Caneva, Claudio Savi
13. Carnevale di Venezia	Clara Ponzoni, Giorgio Borsani
14. Tarantella	Clara Ponzoni, Manuela Maffi Steger
15. Czardas	Clara Ponzoni, Manuela Maffi Steger
16. Ninna nanna	Carlo Aonzo

PREFACE

In a small area in the south of Switzerland, right on the border with Italy, the is the Ticino region. Until a few centuries ago, this small territory was a part Italy and therefore retains many shades of Italian culture, although technical part of Switzerland.

The Ticino (like the remaining part of the nation) has witnessed great econom and industrial development since the end of the nineteenth century, transforn ing itself from a land of emigrants (from the Ticino to America) into a land immigration. It is most likely due to the immigration of many Italians that th mandolin arrived in the Ticino and took up important roots there, becomir one of the main elements of the local culture. In fact, in the Ticino, there a many musicians and many mandolin orchestras.

Mandolin music has a great tradition of bringing people together celebration. Even today it is common among musicians and music lovers spontaneously get together surrounded by the sound of mandolins, guitar the double bass, singing, accordion and other instruments. This way of playir is being lost in Italy and in other parts of the world, but in the Ticino it remair strong. Polkas, songs, waltzes, mazurkas, opera arias, and serenades still r sound until late at night, all accompanied by good traditional wine and fooc

In addition to spontaneous music, there are many mandolin orchestra playing written repertoire for this kind of ensemble (which is not, howeve the aim of this book).

This repertoire is huge, and is linked to the ability and knowledge of th individual musicians who play it. It ranges from popular songs (many b unknown authors) to original mandolin compositions, through music hande down through the oral tradition (many musicians could not read music) great virtuosic repertoire. Significant sources of this music were the bi-week magazines being published in Italy by the end of the nineteenth century th subscribers waited anxiously for ("Il plettro", "Il mandolino" and others).

The aim of this book is to transmit to all mandolin lovers worldwide th musical culture of the Ticino region and the joyful and friendly liveliness th characterizes Italian Switzerland.

AUTHORS' NOTES

In popular music performers rarely play with scores; compositions are learn arranged and performed by ear. This is the reason why the written notes then selves are just a trace and the interpretation is different every time they a played.

PREFAZIONE

In una piccola regione a sud della Svizzera, proprio al confine con l'Italia, c'è il Ticino. Questo piccolo territorio fino a pochi secoli fa era parte dell'Italia, per cui ha mantenuto variate sfumature di cultura italiana, pur facendo parte della Svizzera.
Il Ticino (come il resto della nazione) ha avuto un grande sviluppo industriale ed economico a partire dalla fine del 1800. Di conseguenza si è trasformato da terra di emigranti (i ticinesi emigravano verso le Americhe) a terra di immigrazione. E probabilmente è proprio grazie all'immigrazione di tanti italiani che il mandolino è arrivato in Ticino, e qui ha messo delle importanti radici, essendo tra i principali rappresentanti del patrimonio culturale locale. In Ticino infatti vi è un'alta densità di musicisti e di orchestre a plettro.
La musica mandolinistica ha una grande tradizione come musica d'aggregazione e di festa. Ancora oggi nasce in modo spontaneo tra musicisti ed appassionati che si trovano per passare qualche momento in allegria, e viene arricchita con mandolini, chitarre, contrabbasso, canto, fisarmonica e altri strumenti. Questo modo di suonare che si va perdendo in Italia ed in altre parti del mondo, resta attuale in Ticino. Polche, canzonette, valzer, mazurke, arie d'opera, serenate risuonavano e risuonano ancora fino a tarda ora nei luoghi di ritrovo. Il tutto accompagnato da buon vino e cibo tradizionale. Oltre alla musica spontanea, vi sono molte orchestre mandolinistiche, che affrontano repertori scritti per questo tipo di formazione (di cui non è nostro obiettivo parlare in questo libro).
Il repertorio spontaneo è piuttosto vasto, e legato all'abilità e alle conoscenze dei singoli musicisti. Si va da canzonette popolari (molte delle quali di autore sconosciuto) a compositori originali per mandolino, passando da musica tramandata per tradizione orale (molti musicisti non sapevano leggere la musica) fino a repertorio di grande virtuosismo. Fonti importanti sono state le riviste pubblicate in Italia da fine 1800 che avevano cadenza di solito bisettimanale e che gli abbonati aspettavano con trepidazione ("Il plettro", "Il mandolino", e altre).
L'intento di questo lavoro e' quello di trasmettere agli appassionati mandolinisti di tutto il mondo, la cultura musicale del Ticino e lo spirito allegro e cordiale che caratterizza la Svizzera italiana.

NOTE DEGLI AUTORI

Nella musica popolare raramente l'esecutore legge la notazione musicale; i brani vengono imparati, arrangiati ed eseguiti ad orecchio. Spesso accade, quindi, che le note scritte siano solo una traccia e l'interpretazione sia ogni volta diversa.

CARLO AONZO

He performs regularly in Europe and the United States where he has established himself as a principal proponent of the classical mandolin.
He graduated with honors from the Conservatory in Padova and has played with many prestigious musical institutions including the Philharmonic Orchestra of La Scala in Milan and the Nashville Chamber Orchestra. Among his awards are the "Vivaldi" first prize in Venice and first prize at the Walnut Valley National Mandolin Contest in Winfield, Kansas.
He has recorded a concert video on classical mandolin repertoire across the centuries for Mel Bay (Usa). His CDs include "Serenata" (Acoustic Music, Germany), "Traversata" (Acoustic Disc, USA), "Antonio Vivaldi – Concerti per Mandolino e Concerti per Orchestra" (EDT, Torino), the acclaimed "Kaze" in 2007 and two recordings with keyboardist Elena Buttiero: "Il mandolino italiano nel Settecento" (2008), and "Fantasia Poetica" (2010). He leads the "Manhattan Mandolin Workshop" in New York and in 2006 he began the International Italian Academy for the Mandolin.
As a researcher he has worked on the origins of his instrument and has collaborated with the New Grove Dictionary of Music and Musicians as well as editing several mandolin publications. He has also given presentations on the iconography of the mandolin at institutions such as Boston University and the National Instrument Museum in Rome.

Concertista di fama internazionale si è affermato anche tra i principali divulgatori del mandolino classico italiano. Diplomato in mandolino con il massimo dei voti e la lode al Conservatorio di Padova, ha collaborato con numerose istituzioni musicali incluse la Filarmonica del Teatro alla Scala di Milano, e la Nashville Chamber Orchestra (Usa). Ha vinto, tra gli altri, il primo premio speciale "Vivaldi" alla Vittorio Pitzianti National Mandolin Competition di Venezia, e il primo premio alla Walnut Valley National Mandolin Contest, Winfield, Kansas.
Ha registrato per l'americana Mel Bay, un concerto-video sulla storia del repertorio per mandolino solo (Carlo Aonzo: Classical Mandolin Virtuoso) , i progetti discografici "Serenata" (Acoustic Music, Germania), "Traversata" (Acoustic Disc, Usa), "Antonio Vivaldi-Concerti per mandolino e orchestra" (Edt, Torino) , nel 2007 l'album "Kazè", nel 2008 "Il mandolino italiano Settecento", e nel 2010 "Fantasia Poetica".
E' titolare di un corso annuale a partecipazione internazionale a New York e nel 2006 ha fondato l'Accademia Mandolinistica Internazionale Italiana.
Come ricercatore si occupa delle origini e della storia del proprio strumento, ha collaborato con il New Grove Dictionary of Music and Musicians ed ha curato edizio musicali per la casa editrice Bèrben.
Ha tenuto conferenze sull'iconografia dello strumento in importanti istituzioni quali la Boston University ed il Museo Nazionale degli strumenti musicali di Roma

GIORGIO BORSANI

Born in Como (Northern Italy), he began studying classical guitar at the age of 12, graduating from the "Giuseppe Nicolini" Conservatory in Piacenza.
Currently he is involved as soloist with several chamber ensembles as well as being a member of plucked string orchestras both in Switzerland and in Italy.
Along with his concert activity he is also an educator, teaching in various music schools and is responsible for training mandolin ensembles in Switzerland as well as helping with the organization of national and international music courses.
He is also involved in the presentation and organization of concerts and musical events and has a degree in Economics for Arts, Culture and Communication.

Nato a Como (Nord Italia), ha intrapreso gli studi di chitarra classica all'età di 12 anni, diplomandosi presso il Conservatorio "Giuseppe Nicolini" di Piacenza.
Ha all'attivo diverse collaborazioni con formazioni cameristiche, anche in qualità di solista, ed è membro di alcune orchestre a pizzico in Svizzera e Italia.
Accanto all'attività concertistica affianca quella didattica, ha insegnato in diverse scuole di musica e si occupa della formazione strumentale in formazioni mandolinistiche in Svizzera e collabora nell'organizzazione di corsi di musica nazionali ed internazionali.
Si occupa inoltre dell'organizzazione di concerti e rassegne musicali ed ha conseguito la Laurea in Economia per le Arti, la Cultura e la Comunicazione.

CLARA PONZONI BORSANI

Born and raised in Switzerland, she began stud ing mandolin through her involvement with lo mandolin orchestras when she was a child, continui her studies with Carlo Aonzo.
She plays in several mandolin orchestras, in a d with classical guitar (Duo Vivace) and as a soloist wi chamber orchestras.
The repertoire she performs ranges from folk contemporary music and she regularly gives conce in Switzerland and abroad.
In addition to her own musical activity, she teach and organizes both national and international mu courses as Maestro Aonzo's collaborator.

Nata e cresciuta in Svizzera, ha iniziato da bambi lo studio del mandolino nell'ambito delle Orches Mandolinistiche locali, proseguendo poi gli studi con Ca Aonzo.
Suona in alcune Orchestre Mandolinistiche, in D classico con chitarra (Duo Vivace) e in qualità di solista orchestre da camera.
Il repertorio spazia dalla musica popolare a que contemporanea.
Tiene regolarmente concerti in Svizzera ed all'estero.
Oltre all'attività musicale, si occupa di insegnamento e di organizzazione di co di musica nazionali ed internazionali quale collaboratrice del Maestro Aonzo.

www.aonzo.com
www.accademiamandolino.com
www.duovivace.com

POLKA AND MARCH

**The polka is a dance in 2/4 time. The music is fast and is danced in pairs.
Its origin is unclear although it is believed that, as its name suggests, it comes from a Polish dance that spread quickly throughout Europe.
It is often played during evening get-togethers because of its cheerful and lively nature.
The march is also a musical composition in 2/4, but one which differs from the polka in origi As the name suggests, it wasn't created to dance to, but to mark the passage of the parade c military bands. Band repertoire is also part of popular culture and is therefore closely linked t mandolin music. It is important to note that in popular music the same melody is often use in different places but known by different titles or written by different people. This music i handed down orally and its origins are often unknown or ambiguous.**

LA SISINA
In the Ticino, the composition of this polka is attributed to Pasquale Sisini (Mendrisio / CH 1902 1997). The connection between the title and the presumed composer is obvious. Traces of this melody have been found in the northeast of Italy (Trentino), where it is called "Polka Gilardengo (on this topic, we recommend reading the book "Giacomo Sartori e l'Associazionismo Mandolir istico in Italia fra il XIX e il XX secolo", edited in Italian by Antonio Carlini, Ed. Akademos 199 page 109).
A fellow musician who knew and played with Sisini personally confirmed with pride that th music was composed by him.
This shows how difficult it can be to know for sure who actually composed particular tunes.

POLCA DEL DORIN
This polka's author is unknown. It is called the "Polca del Dorin" in order to distinguish it fror other polkas as there was a famous mandolin player from the Ticino (Isidoro Frigerio, Riva Sa Vitale / CH 1908-1988) who played it very often.

OH KATIA!
This is a popular tune of unknown origin, one of the most common in popular music.

AL GROTT DEL FIN
Remo Giambonini (Gandria / CH 1911-1997) was one of the most important composers an orchestrators for mandolin music in the Ticino.
Giambonini studied harmony and counterpoint and played in many orchestras in salons, hote and dance halls across Europe, with an immense repertoire (operetta, dance music, classical an popular). His great musical training is evident in his popular compositions which are very ric musically. Indeed, in popular music, as well as rather simple songs, there were also very virtuosi compositions.
This composition was dedicated to his father's "grotto" (tavern) named Grott del Fin, which wa located on the shores of Lake Lugano.

SCUGNIZZA
The term "scugnizzo" in Neapolitan dialect refers to a rascal boy who spends his days on th streets of Naples.

NINA PANCHA
A popular song probably of Spanish origin. Played both in duo form and with orchestra.

POLCA E MARCIA

La polca è un ballo in 2/4. La musica è veloce e si danza in coppia.

Non è chiaro quale sia la sua origine. Si ritiene che, come indica il suo nome, derivi da una danza polacca che si è diffusa velocemente in tutta l'Europa.

Nelle serate conviviali viene eseguita molto spesso proprio per il suo carattere allegro e vivace.

Anche la marcia è una composizione musicale in 2/4, che si differenzia dalla polca per l'origine. Infatti, come suggerisce il nome, non è stata pensata per la danza ma per scandire il passo delle sfilate delle bande militari. Anche il repertorio bandistico fa parte della cultura popolare ed è quindi vicino alla musica mandolinistica.

È importante segnalare che spesso nella musica popolare la stessa melodia sia d'uso in diversi luoghi ma con titoli ed attribuzioni diverse. Si tratta di musica tramandata oralmente la cui paternità resta ignota o ambigua.

LA SISINA

In Ticino la composizione di questa di polca viene attribuita a Pasquale Sisini (Mendrisio/CH 1902-1997). Il collegamento tra il titolo ed il presunto autore è evidente. Della stessa melodia sono presenti però delle tracce nel nord-est d'Italia (Trentino), dove viene chiamata "Polka Gilardengo" (su questo argomento vi consigliamo la lettura del libro "Giacomo Sartori e l'Associazionismo Mandolinistico in Italia fra il XIX e il XX secolo", a cura di Antonio Carlini, Ed. Akademos 1999, pagina 109).

Un collega musicista che ha conosciuto e suonato personalmente con Sisini conferma con orgoglio che la musica è stata composta da lui.

Questo dimostra che è davvero difficile conoscere con esattezza la paternità di alcune melodie.

POLCA DEL DORIN

Questa polca è di autore ignoto. Viene chiamata "Polca del Dorin" per identificarla dalle altre polche, proprio perché questo famoso mandolinista ticinese (Isidoro Frigerio, Riva San Vitale/CH 1908-1988) la suonava molto frequentemente.

OH KATIA!

Motivo popolare di origine sconosciuta, tra i più diffusi nella musica popolare.

AL GROTT DEL FIN

Remo Giambonini (Gandria/CH 1911-1997) è stato uno tra i più importanti compositori ed orchestratori ticinesi di musica per mandolino.

Giambonini ha studiato armonia e contrappunto ed ha suonato in tante orchestrine in salotti, alberghi e balere di tutta Europa, con un repertorio musicale immenso (operette, musica da ballo, classica e popolare).

Era un musicista poliedrico, negli strumenti e negli spartiti.

La sua grande preparazione musicale è evidente nelle sue composizioni popolari che contengono una grande ricchezza musicale.

Nella musica popolare infatti, oltre a canzonette piuttosto semplici, sono presenti brani molto virtuosi.

La composizione è stata dedicata al grotto (osteria) del padre (Il Grott del Fin) che si trovava sulle rive del lago di Lugano.

SCUGNIZZA

Il termine "scugnizzo" nel dialetto napoletano indica un bambino monello e dispettoso che passa le giornate per le strade di Napoli.

NINA PANCHA

Brano popolare probabilmente di origine spagnola. Suonato sia in duo sia con orchestra.

La Sisina

Polca

17
A
21
D
25
A
E7
1. A
2. A
Fine
Repeat A 3rd ending to C
C
30
C
G7
C
35
G7
1. C
2. C
repeat A 2nd ending then B 1. and 2.

Polca del Dorin

Tradition

Em
B7
Em
Am
Em
B7
1.
Em
2.
Em
D.C. to 3rd ending to Trio
Trio
C
G7

C
A
A7
Dm
C
G7
C
G7
1. C
2. C
Fine

Oh Katia!

Polca

Traditional

21
E7
25
A
31
E7
36
41
A

46
51
E7
56
A
E7
A
Fine
D.C. al Fine

Al Grott del Fin

Marcia - Polca

Remo Giambonin
(1911-1997)

D
A7
1. D
2. D to 2
3. D
2
A
E7
A
D
A
E7
1. A
2. A
Fine
Repeat 1
3rd ending
to Trio

Trio

65
D
G
70
D7
75
D5+
G
E7
80
Am
Cm6
G
D7
G
Repeat 1
2nd ending
to 2
1. and 2.

Scugnizza

Marcia

Remo Giambonini
(1911 - 1997)

♩=160

21
G
E7
26
Am
D7
31
G
A7
D7
35
1.
G
2.
G
A7
3.
G
D7
G
Fine
41
B
A7
D

A7
D
A7
D
A7
1. D
2. D
D7
Repeat A 3rd ending to Trio
Trio
C
G7
gliss.
Dm
G7

C
A7
Dm
G7
C
G7
1 C
2. C
D7
Repeat A
to Φ
to Coda
Coda
A7
D7
G

Nina Pancha

Marcia

♩=144

José Garci

28 C G C Am
34 D E 1. G7 2.
Repeat A to ϕ to C
C
39 (Guitar)
44 E7
49 Am E7

53
Am
E7
1.A
2.
Am
D
57
A
E7
A
62
E7
A7
67
E7
A7
E7
A
72
E7
A
E7
A

78
D6
Adim
A
0 2 4 2 2 7 7 5 4 2 2 0 9 11

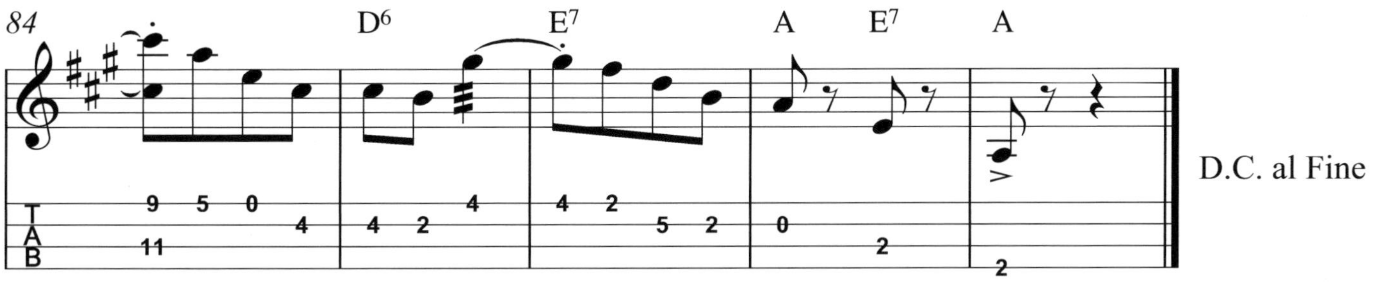
84
D6
E7
A
E7
A
D.C. al Fine
9 5 0 4 4 2 4 4 2 5 2 0 2 2 11

WALTZ

The waltz is a dance in 3/4 time that came to prominence in the late eighteenth century. It wa widespread initially in Austria, but quickly spread to most of Europe, becoming an internationa dance. Its success was due not only to the flowing and catchy character of the music, but also t the fact that for the first time the pair of dancers danced while embracing one another. This musi is linked inextricably to the ball, and in fact, when a musician plays a waltz he should be ready t quickly make room for dancers who feel the irresistible need to jump to their feet.

GRAZIELLA
Written by the Ticino composer Pino Guerra for accordion, an instrument that has an important role i popular music thanks to its autonomy (it is able to play both melody and accompaniment at the same time and its ability to be played loudly, making it suitable for outdoor areas.

L'ALBORELA
The alborella is a lake fish that is eaten fried in Ticino taverns. Giambonini dedicated this waltz to th alborella and the music describes well the fish's agility in the lake water.

SPERANZE PERDUTE
Written by Alessandro Morelli, it seems that the first edition of this piece was edited in Paris in 1950 fo solo piano. It is a piece often played in Switzerland and Northern Italy, perhaps one of the most popula waltzes performed with various instruments.

VULCANO
A piece of great skill, probably originating in Northern Italy.

MAZURKA

The mazurka is a couples dance in 3/4 time (with a strong accent on the second beat) widesprea throughout Europe. Almost always present in the folk dance repertoire it is danced with pauses o stops. It differs from the waltz due to these peculiarities.

TRA VEGLIA E SONNO
In the United States this is one of the most representative pieces of Italian music, though virtuall unknown in Italy. It is considered a must at Italian-style weddings celebrated in the United States.

CESARINA
Cesare Pezzolo is an Italian accordionist born near Genoa. Together with his numerous brothers, h emigrated to California where he was very successful. He wrote many pieces including one of the mos famous songs in dance music, the celebrated mazurka "Cesarina". Along with his brothers he founde a record label and an orchestra. This orchestra was a "fisaorchestra" (accordion orchestra) as all nin Pezzolo brothers played the accordion.

VALZER

Il valzer è una danza in tempo 3/4 nata alla fine del XVIII secolo.
Era diffuso inizialmente in Austria, ma ben presto ha conquistato gran parte dell'Europa, diventando una danza internazionale. Il successo è dovuto non solo al carattere fluente ed orecchiabile della musica ma anche al fatto che per la prima volta la coppia di ballerini danzava abbracciata. Questa musica è legata in modo inscindibile al ballo, infatti quando un musicista intona un valzer dev'essere pronto a far velocemente spazio ai ballerini che sentono l'irresistibile bisogno di ballare.

GRAZIELLA
Scritto dal ticinese Pino Guerra per fisarmonica, strumento che ha un ruolo centrale nella musica popolare grazie alla sua autonomia (allo stesso tempo esegue melodia e accompagnamento) e per il grande volume di suono che la rende adatta anche agli spazi aperti

L'ALBORELA
L'alborella è un pesce di lago che viene gustato fritto nei grotti ticinesi. Giambonini ha dedicato questo valzer all'alborella e la musica ben descrive le sue agili scorribande tra le acque del lago.

SPERANZE PERDUTE
Scritto da Alessandro Morelli, pare che la prima edizione sia stata stampata a Parigi nel 1950, per pianoforte solo. È un brano molto suonato sia in Svizzera che nel Nord Italia, forse tra i valzer più diffusi ed interpretato con vari strumenti.

VULCANO
Brano di grande abilità, di origine probabilmente nord-italiana.

MAZURKA

La mazurka è una danza di coppia in tempo 3/4 (con accento forte sul secondo movimento della battuta) diffusa in tutta l' Europa.
Presente in quasi tutti i repertori di danza popolare viene ballata con delle sospensioni o con delle fermate. Si differenzia dal valzer proprio per queste particolarità.

TRA VEGLIA E SONNO
Negli Stati Uniti è uno dei brani più rappresentativi della musica italiana, anche se in Italia è praticamente sconosciuto. Viene considerato d'obbligo nei matrimoni di stile italiano celebrati negli Stati Uniti.

CESARINA
Cesare Pezzolo è un fisarmonicista italiano originario della provincia di Genova.
Insieme ai suoi numerosi fratelli è emigrato in California dove ha avuto molto successo. È autore di numerosi brani, tra cui una delle canzoni più famose della musica da ballo: la celebre mazurca "Cesarina". Ha fondato, insieme ai fratelli, anche una casa discografica e un'orchestra. Quest'ultima era una "fisaorchestra" in quanto tutti i 9 fratelli Pezzolo suonavano la fisarmonica.

Graziella

Valzer

Pino Guerra
(1918-1983)

D7
Gm
Gm6
Dm
Gm6
A7
Dm
A7
Dm
A7
Dm
A7
Dm

49
Gm6
A7
Dm
1.
2.
54
F
59
C7
64
F
69

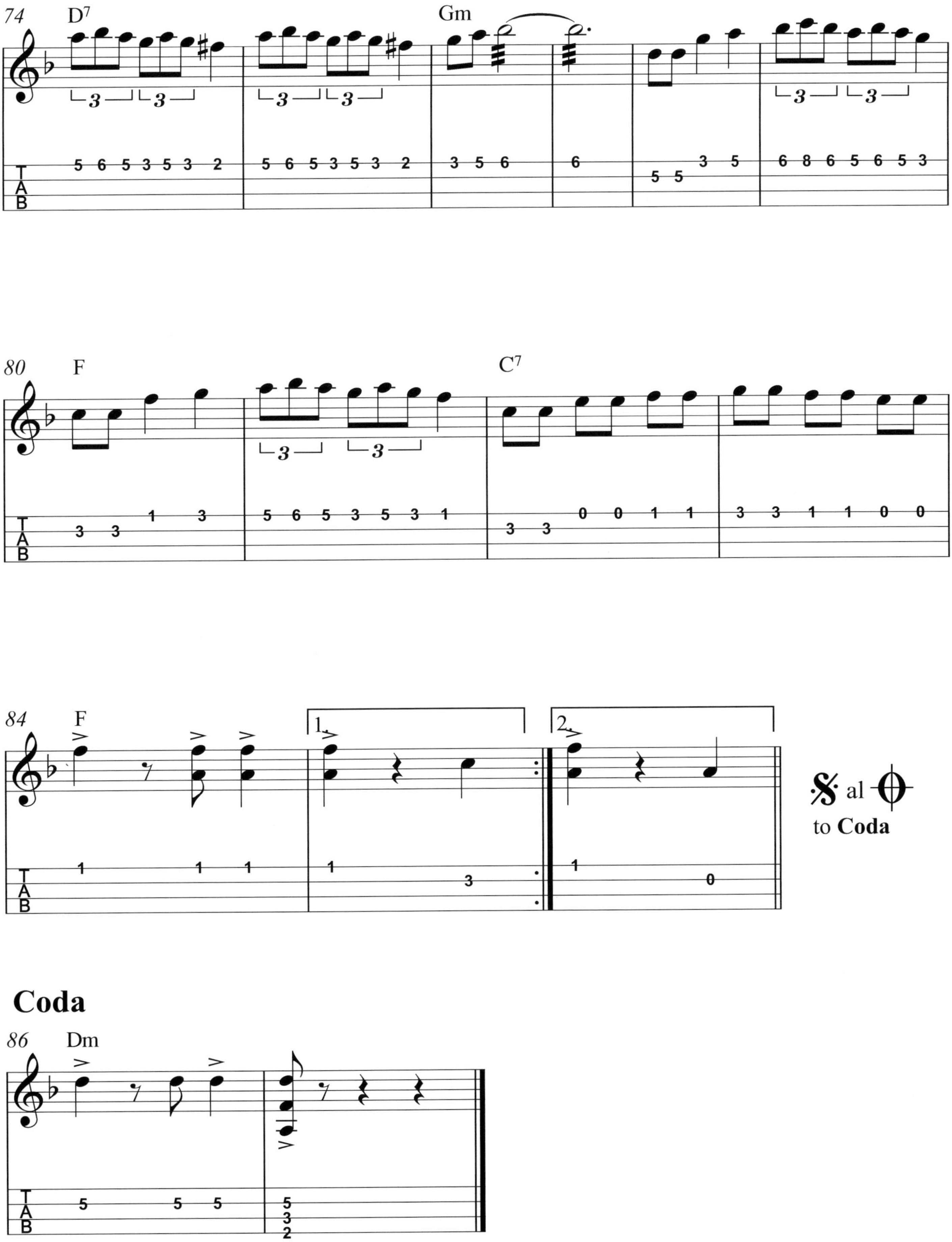
74
D7
Gm
80
F
C7
84
F
1.
2.
al
to Coda
Coda
86
Dm

L'Alborela

Valzer

Remo Giambonir
(1911 - 1997

♩.=69

17
G
21
25
C
29
G
33
D7
1. G

37
2.
G
to B
3.
G
4.
G
Fine
43
B
D
49
A7
55
Ddim
D
61
G

67
D
A7
1.
2.
72
D
D
Reapeat A
3rd ending
then Trio
Trio
77
C
Cdim
C
83
G7
89
G#5
C
Cdim
C

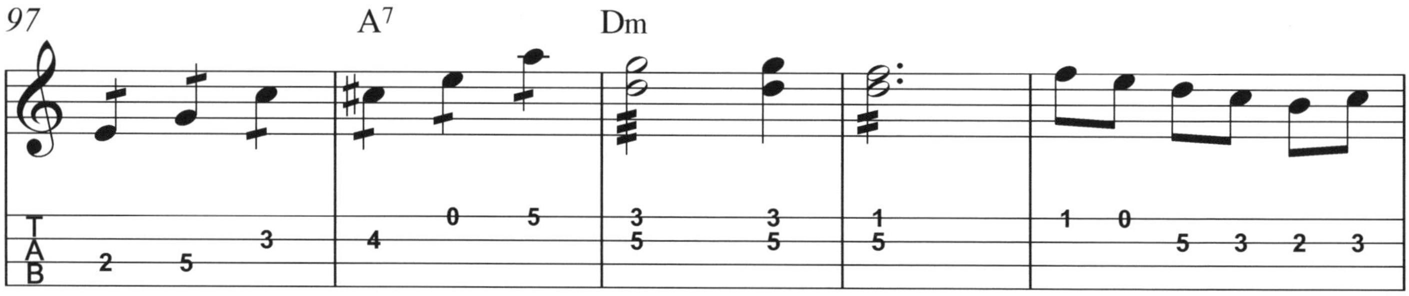

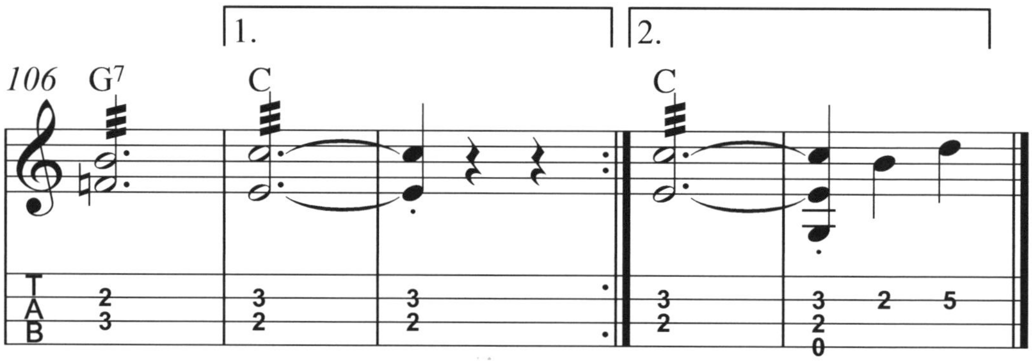

Repeat A
4th ending

Remo Giambonini

Speranze perdute

Valzer

Alessandro Morelli

28
Dm
A7
32
Dm
1.
2.
Fine
F
37
C7
F
42
D7
Gdim
Gm
47
C7
F
1.
2.
52
Dm

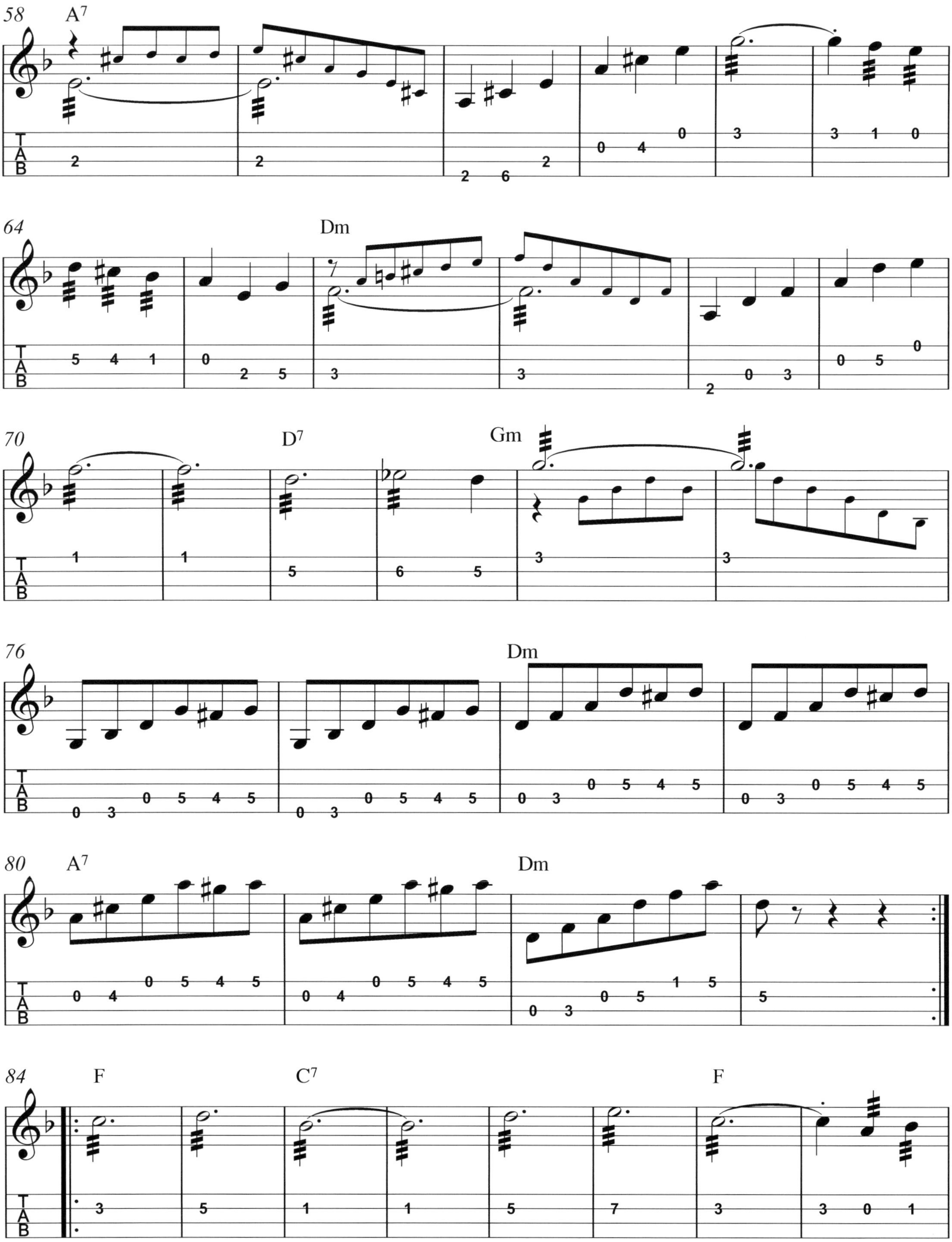
58
A7
64
Dm
70
D7
Gm
76
Dm
80
A7
Dm
84
F
C7
F

92
C7
98
F
C7
104
F
C7
111
F
1.
2.
D.C. al Fine

Vulcano

Gran Valzer

Mario Cavallari

22
A7
Dm
26
Am
30
E7
Am
1.
2.
Fine
35
E7
Am
39
E7
Am

43
E7
Am
47
E7
Am
1.
2.
D.C. al Fine
to Trio
52
Trio
A
57
E7
61

65
A
70
A
74
F#7
Bm
78
A
E7
82
A
1.
2.
D.C. al Fine

Tra veglia e sonno

Valzer

Luigi Canora

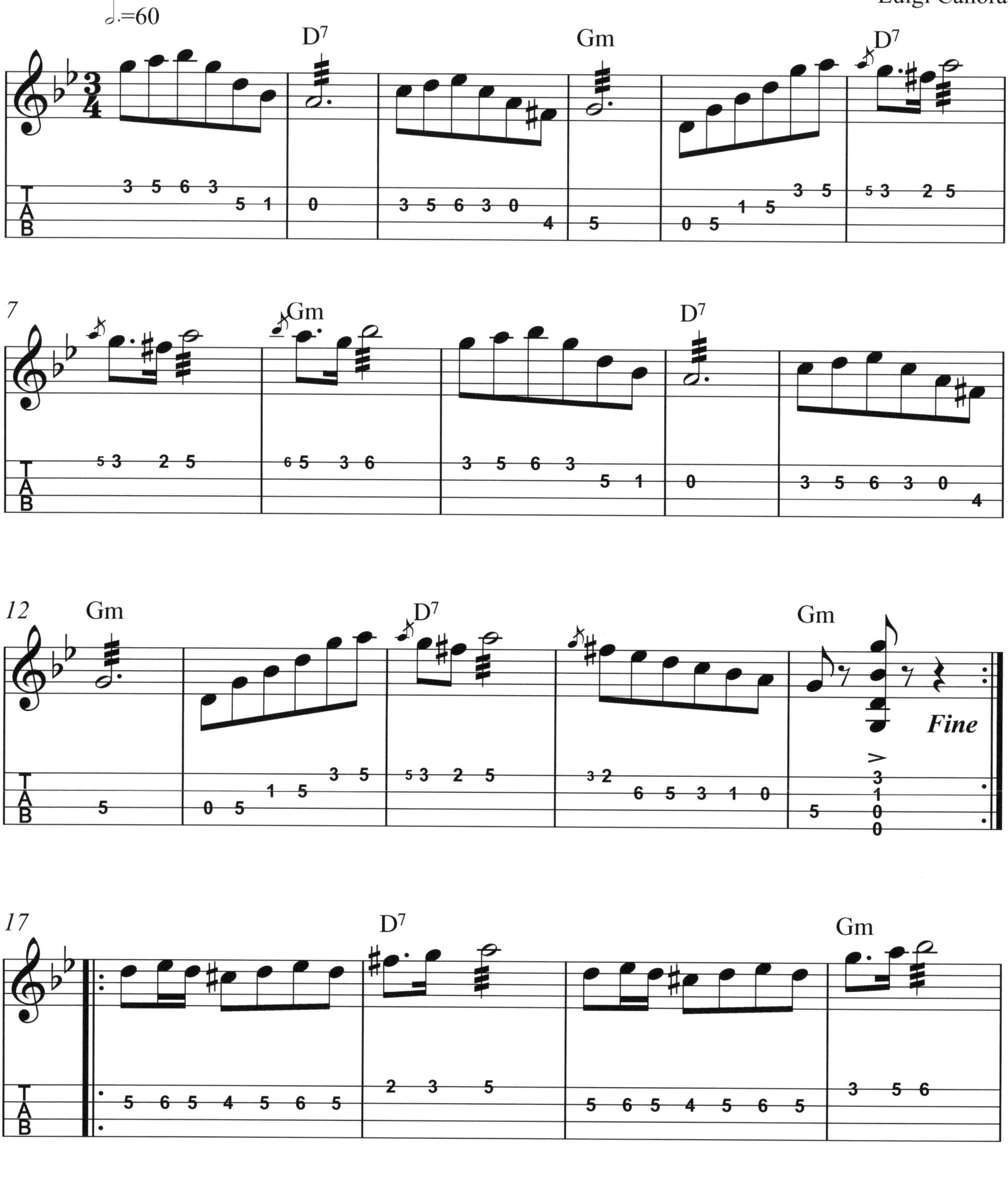

21 G7 Cm D7 Gm
25 D7 Gm
29 G7 Cm D7 Gm
33 D7 Gm D7
39 Gm D7

Gm
D7
Gm
D7
G
D7
G
D7
G
D7
G
D.C. al Fine

Cesarina

Mazurka

Cesare Pezzolo

17
1. D
2.
Fine
A
20
E7
23
A
27
Bm
32
A
E7
1. A
2. A
D.S. 2nd ending to Trio

Trio
35
G
D7
39
G
43
Am
47
G
49
D7
1. G
2. G
G
D.S. al Fine

CARNEVALE DI VENEZIA

In Venice the Carnival party has a tradition that is hundreds of years old. Drawing on the melody dedicated to the popular "Carnival of Venice", even Carlo Munier (mandolin virtuoso and composer from Naples and one of the greatest masters of the mandolin school) wrote variations on this theme. The melody is one of the most popular songs in Italian culture and was made famous by Niccolò Paganini and his variations.

The famous Italian mandolinist Giovanni Vailati, called "il cieco di Crema", (the blind man of Crema) performed it spectacularly with its variations on a mandolin with just one string.

TARANTELLA

Raffaele Calace was, and still remains, a great point of reference for mandolin repertoire. The most famous of the Calace family, Raffaele was not only a luthier but also a great composer and an excellent performer, a truly complete artist. He wrote over 180 works: duets, quartets, concertos and preludes in which his Neapolitan soul pours out and sings amidst thousands of variations and fantasies.

Mandolins made by Calace are very famous worldwide, the result of a centuries-old tradition.

The tarantella is a traditional dance of Southern Italy.

CZARDAS

Vittorio Monti was an Italian composer, mandolinist, violinist and conductor who worked extensively in France. The Hungarian Czardas is a traditional dance consisting of a slow and melancholy first part and a cheerful and lively second part.

The most famous Czardas was curiously composed by a Neapolitan.

NINNA NANNA (LULLABY)

This is the tune that Giuseppe Aonzo would usually play to put his children Silvia and Carlo to sleep. It was so effective that Carlo doesn't remember having often heard the ending! This piece is an excellent example of advanced technique for unaccompanied mandolin.

Giuseppe has been the connection between the ancient tradition of the Italian virtuoso and the modern mandolin of his son Carlo.

CARNEVALE DI VENEZIA
A Venezia la festa del Carnevale ha una tradizione lunga centinaia di anni. Proprio dalla melodia popolare dedicata al "Carnevale di Venezia", anche Carlo Munier (virtuoso mandolinista e compositore napoletano e tra i più grandi Maestri nella scuola mandolinistica) ha dedicato delle variazioni. Questa melodia è tra i brani più conosciuti nella cultura italiana ed è stato reso celebre da Niccolò Paganini con le sue variazioni.
Il famoso mandolinista italiano Giovanni Vailati (chiamato "il cieco di Crema") lo eseguiva in modo spettacolare con le sue variazioni su un mandolino a una corda sola.

TARANTELLA
Raffaele Calace è stato ed è tutt'ora, un grande punto di riferimento nel repertorio mandolinistico. Il più celebre della famiglia Calace è senz'altro Raffaele, non solo liutaio, ma anche grandissimo compositore ed eccellente concertista. Un artista davvero completo. Scrisse ben 180 opere: duetti, quartetti, concerti e preludi, in cui l'anima napoletana si effonde e canta tra mille varianti e fantasie.
I mandolini della liuteria Calace sono tra i più celebri al mondo, derivano da una tradizione napoletana secolare.
La tarantella è una danza tradizionale del Sud Italia.

CZARDAS
Vittorio Monti è stato un compositore, mandolinista, violinista e direttore d'orchestra italiano, che ha lavorato a lungo anche in Francia.
La czardas è la danza tradizionale ungherese, formata da una prima parte lenta e malinconica e da una seconda parte allegra e briosa. La czardas più celebre è stata curiosamente composta da un napoletano.

NINNA NANNA
È il brano che Giuseppe Aonzo suonava solitamente per far addormentare i figli Silvia e Carlo. Il suo effetto era talmente efficace che Carlo non ricorda di averne sentito spesso il finale!
Questo brano è un ottimo esempio di tecnica avanzata per mandolino non accompagnato.
Giuseppe è stato il collegamento tra l'antica tradizione dei virtuosi italiani e il mandolino moderno del figlio Carlo.

Carnevale di Venezia

Fantasia variata

Allegro ♩.=80

Arr. Carlo Munier
(1859-1911)

VAR. I
A
E7
A
E7
A
E7
A
E7
A
VAR. II poco meno
Am
E7
Am
A7
Dm

48
E7
Am
E7
Am
54
Am
A7
Dm
Am
E7
Am
VAR. III
58
A
E7
61
A
E7
64
A
E
A
67
E7
A

70
E7
Coda
73
A
E7
A
Bm
A
E7
77
A
E7
A
E7
Allegro Mosso ♩.=120
82
A
E7
A
87
E7
Am6
Dm
E7
A
92
Dm
E7
A

Guitar

Carnevale di Venezia

Fantasia variata

arr. Carlo Munier
(1859-1911)

VAR. II poco meno
VAR. III

Coda
Allegro Mosso ♩.=120

Tarantella

Raffaele Calace
(1863-1934)

Allegro ♩. =126

25
Am
E7
1. Am
2. Am
B
29
A
B7
A
A7
D
Bm
34
E7
A
F#7
39
Bm
A
43
E7
A
Bm
A

48
E7
A
E7
53
E
57
Repeat A
2nd ending
to Trio
C Trio
61
F
C7
66
F

71
F♭7
B♭
E♭7
F
C7
F
77
E
Repeat B and A
2nd ending
to Coda
Coda
81
Dm6
A
E7
A
E7
85
A
E7
A
E7
A
E7
A
E7
89
A
E7
A
E7
A

Guitar

Tarantella

Raffaele Calace
(1863-1934)

Allegro ♩.=126

Repeat A 2nd ending
to Trio
C Trio
Repeat B and A
2nd ending
to Coda
Coda

Czardas

Vittorio Monti
(1868-1922)

Largo ♩=63

Dm
A7
1.
2.
Allegro vivace ♩=138
Gm

C7
F
A7
Dm
Gm
Dm
A7
Dm
Meno mosso ♩=60
D
B7
Em

A7
D
D
A7
D
B7
Em
D
A7
D
A7
D
Allegro vivace ♩=138
C7
F
A7
Dm

79
Gm
Dm
83
A7
Piu' mosso ♩=152
D
87
91
8va
(ad libitum)
Em
95
D

E7
A7
rall.
a tempo
D
8va (ad libitum)
Em
accel.
D
Presto
Em
A7
D
A7
D
D

Ninna Nanna

For unaccompanied mandolin

Giuseppe Aonzo
(1934*)

♩=160

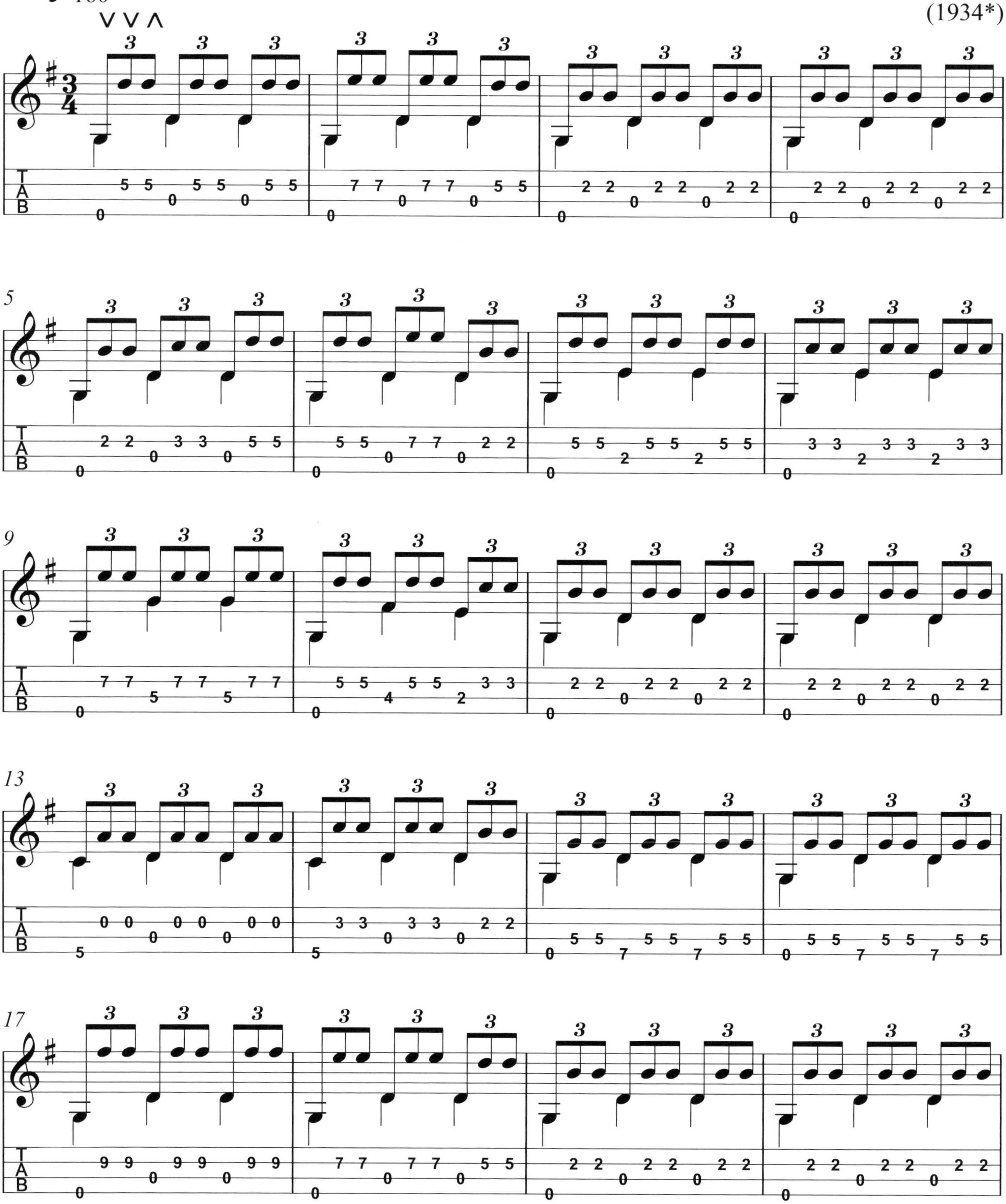

21
25
29
33
37
41

CLUB
1½
LUGANO